走遍世界很简单

ZOUBIAN SHIJIE HENJIANDAN

蒙古大探秘

MENGGU DATANMI

知识达人 编著

成都地图出版社

图书在版编目（CIP）数据

蒙古大探秘 / 知识达人编著 . — 成都：成都地图
出版社，2017.1（2021.10 重印）
（走遍世界很简单）
ISBN 978−7−5557−0276−4

Ⅰ . ①蒙… Ⅱ . ①知… Ⅲ . ①蒙古—概况 Ⅳ .
① K931.1

中国版本图书馆 CIP 数据核字 (2016) 第 079830 号

走遍世界很简单——蒙古大探秘

责任编辑：魏玲玲
封面设计：纸上魔方

出版发行：成都地图出版社
地　　址：成都市龙泉驿区建设路 2 号
邮政编码：610100
电　　话：028 − 84884826（营销部）
传　　真：028 − 84884820

印　　刷：唐山富达印务有限公司
（如发现印装质量问题，影响阅读，请与印刷厂商联系调换）

开　　本：710mm × 1000mm　1/16
印　　张：8　　　　　字　　数：160 千字
版　　次：2017 年 1 月第 1 版　印　　次：2021 年 10 月第 4 次印刷
书　　号：ISBN 978−7−5557−0276−4
定　　价：38.00 元

前 言

美丽的大千世界带给我们无限精彩的同时，也让我们产生很多疑问：世界上到底有多少个国家？美国到底在什么地方？为什么奥地利有那么多知名的音乐家？为什么丹麦被称为"童话之乡"？……相信这些问题经常会萦绕在小读者的脑海中。

为了解答这些问题，我们精心编写了这套《走遍世界很简单》系列丛书，里面包含了世界各国丰富的自然、地理、历史以及人文等社会科学知识，充满了趣味性和可读性，力求让小读者掌握最全面、最准确的知识。

本系列丛书人物对话生动有趣，文字浅显易懂，并配有精美的插图，是一套能开拓孩子视野、帮助孩子增长知识的丛书。现在，就让我们打开这套丛书，开始奇特的环球旅行吧！

路易斯大叔

美国人，是位不折不扣的旅行家、探险家和地理学家，足迹遍布全世界。

多多

10岁的美国男孩，聪明、活泼好动、古灵精怪，对一切事物都充满好奇。

米娜

10岁的中国女孩，爸爸是美国人，妈妈是中国人，从小生活在中国，文静可爱，梦想多多。

目 录

目　录

路易斯大叔又开始整理行装了。米娜和多多这个兴奋啊！

看来他们又要开始激动人心的旅行了。但无论他们怎么问，路易斯大叔都只是神秘地笑着，却不肯说出目的地。

"路易斯大叔到底要带我们去哪儿呢？"多多急得抓耳挠腮、坐立不安——要是猜不到答案，他怎么睡得着呢？

"可这次他没留下任何线索啊！"米娜说。路易斯大叔出去了，她找遍了房间也没找到任何线索——字条、图画、出行计划……什么都没有。

"不说就不说，有什么了不起？"多多生气了。他气哼哼地打开电脑，想分散一下注意力。

"嘚哒，嘚哒，嘚哒哒哒哒……"
电脑启动，一阵马蹄声传来，开始还很稀

疏，很快就急骤起来，后来竟像万马奔腾一般……

"怎么会这样？"多多惊呆了，之前电脑启动没这种声音啊？米娜也愣了，忙跑过来看。

电脑启动完毕，正显示出桌面来。这时，显示器中央闪出一个小点，那小点渐渐扩大，变成一匹马、两匹马、三匹马……千百匹马朝米娜和多多冲来……

马儿奔腾一阵，渐渐消散。最后屏幕上只剩一匹马，它浑身棕黄、四蹄雪白、肌腱隆起、马鬃飞扬，显得异常矫健。只见它缓缓站住，一转身露出背上的一口锅来，还调皮地朝米娜和多多眨了眨眼睛。

"'马上有锅'？我们要一口锅有什么用？"多多疑惑地说。他想到这可能是路易斯大叔留下的线索，却猜不出谜底。

米娜也猜到了，她也盯着那口锅，自言自语着："'马上有锅'？不对，肯定没这么简单。马上的锅……哈哈，我想到啦！"

"你想到什么了？"多多急忙问。

"'锅''国'音近，马上的锅，那就是马背上的国家啦！"米娜自信地回答。

"对呀，我怎么没想到？"多多立刻明白了。

"但那会是哪里呢？"米娜笑了，"哪个国家的人整天骑在马背上呢？"

"蒙古！蒙古人天生就是马背上的英雄！"多多脱口而出。

"蒙古铁骑曾横扫欧亚两大洲，所向披靡。我想我们这次的目的地一定是蒙古！"多多又补充说。

"哈哈，看来你们终于猜到了……"他们正说着，背后传来一阵爽朗的笑声。两人回头一看，果然是路易斯大叔回来了。

他笑眯眯地看着他们说："既然你们已经猜到了，还不收拾行装，赶快睡觉？明天我们还要起早赶路呢！"

"收到！"米娜和多多答应一声跑开了……

第1章

年轻的英雄城

　　终于登上飞往蒙古国首都乌兰巴托的航班了。米娜和多多好奇地东张西望着，他们还是第一次乘坐蒙古航空公司的飞机呢。但是他们看来看去也没觉得有什么不同，空乘人员身着常见的制服，操着流利的英语，和其他航班的空乘人员完全一样。

　　直到飞机起飞后，一位身着长袍的美丽空乘人员出现，才把米娜吸引住了。

只见她身穿一袭浅藕荷色长袍。袍子是绸缎做的，右开襟的边上、袖口和衣领绣有白色云纹，前胸和袍子下摆是桃红色卷草纹，袍子没有开叉，只束着腰带，更像一条裙子。

罩在长袍外的是一件粉色无领坎肩，对襟和领口嵌金色滚边，胸前还饰以钻石般明亮的珠串。

她头戴金色尖顶帽，上绣绿线云纹，顶端有一颗红绒球，蓝色帽檐中间有一颗红宝石，镶嵌在银花纹中。宝石之下有一圈翡翠和玛瑙盘在帽上。再看她脚下穿一双棕色中腰皮靴，靴头、后跟和靴筒外侧绣金色花纹，靴子是小牛皮制成，一看就又轻又软，穿着舒适。

这位空乘人员告诉米娜，她穿的是蒙古族传统的服装，袍子上的云纹象征吉祥，其他纹饰和图案也都有各自的意义。米娜看了羡慕得不得了，连声说一定要买一套回来穿。

"快看，天气晴朗，万里无云啦！现在我们就可以俯

瞰蒙古的大地喽！"路易斯大叔大声宣布。

听他这么一说，米娜和多多忙凑到舷窗旁向外看去。真的！远望空中一片蔚蓝，一丝云也没有；再俯视地面，一片片草原连绵不绝，间或有几条河流穿越其间，令人顿感心旷神怡、赏心悦目。

"真美！这里不愧是'蔚蓝的国度'，名不虚传呀！"米娜赞叹道。

"是啊，你看这蓝一望无际却又由浓转淡，多么有层次和韵律？简直是蓝得透明，蓝得醉人，蓝得空灵，使人顿生纯净之感呢！"多多也陶醉起来。

"哈哈，我们的多多还学会作诗了呢！"路易

斯大叔说着，三个人都笑了。

经过长时间的飞行，飞机终于盘旋降落，停在乌兰巴托国际机场的停机坪上。下了飞机，路易斯大叔告诉他们这座飞机场又叫成吉思汗飞机场，是为了纪念这位蒙古大英雄命名的。这里距离乌兰巴托市区还有18千米，他们要乘出租车到市区去。

出租车上，米娜和多多欣赏着沿途的风景。18千米不算远，但他们一点也没觉得他们正驶向一个国家的首都——路上很荒凉，好远都看不到房屋，偶然看到的也只是路边低矮

的平房和远处疏落的蒙古包，一栋楼都没有。

快要进入市区了，他们才看到远处一排排高楼大厦平地而起，仿佛这才来到文明社会。但那些楼房显得很疏落，只有极远处才有些密集的高楼，显出一点国际都市的繁荣来。

"首都怎么才这么几栋楼？一点都不热闹！"多多显然对眼前的一切不太满意，嘀咕着说。

路易斯大叔听到了，转头笑着对多多说："是啊，这里的确没有纽约、伦敦、东京那样繁华，也赶不上北京、上海。但你别忘了蒙古国总人口还不到300万，它的首都能有多少人？"

"没错。地广人稀当然就是这个样子，首都也不会例外。我说的对吗，路易斯大叔？"米娜笑着问。

"对！"路易斯大叔也笑了，但他又补充道，"不过对乌兰巴托来说，可不仅如此。这座城市有100多万人口，占全国总人口的三分之一还多，而且这些人中有超过70%的人是不超过30岁的年轻人呢！"

"哇！好年轻的城市！"多多吃惊了。

　　"是啊，它是世界上人口最年轻的城市之一！"路易斯大叔笑了。

　　"对了，路易斯大叔，乌兰巴托是蒙古语吧？这个词是什么意思呢？"米娜又问。

　　路易斯大叔点点头答道："乌兰巴托是蒙古语，意思是'红色英雄城'。"

　　"看来我们来到一座年轻的英雄城了。这里都有些什么呢？好期待哦！"米娜向往地说。

　　他们来到宾馆，简单地吃了点东西，开始休息，养足精神准备迎接明天的旅程。

乌兰巴托历史

乌兰巴托始建于1639年。那时它叫乌尔格，意为宫殿，是喀尔喀蒙古第一位活佛哲布尊丹巴一世的驻跸之处。1778年哲布尊丹巴开始设立城防，乌尔格有了栅栏围起来的城墙，改称库伦，又叫"大库伦"，是蒙古语"大寺院"的意思。

1924年，蒙古人民共和国成立，这里被定名乌兰巴托，也就是"红色英雄城"，并成为首都。这个名字一直沿用至今，乌兰巴托也成了蒙古国最重要的城市。

第 2 章

苏赫巴托广场

　　一夜酣睡消除了旅途劳顿，米娜和多多一大早就起来缠着路易斯大叔要出去玩。但是等他们终于出发，已经8点多了。

　　出租车向着乌兰巴托市的标志性建筑苏赫巴托广场驶去。多多望着道路两旁形形色色的建筑，感到这座城市也没那么糟糕了。正在这时，只听米娜惊讶地喊起来：

　　"快看，蒙古包！"

　　"城市里哪来的蒙古包？"多多不信。但他顺着米娜手指的方向望去，还别说，楼群后

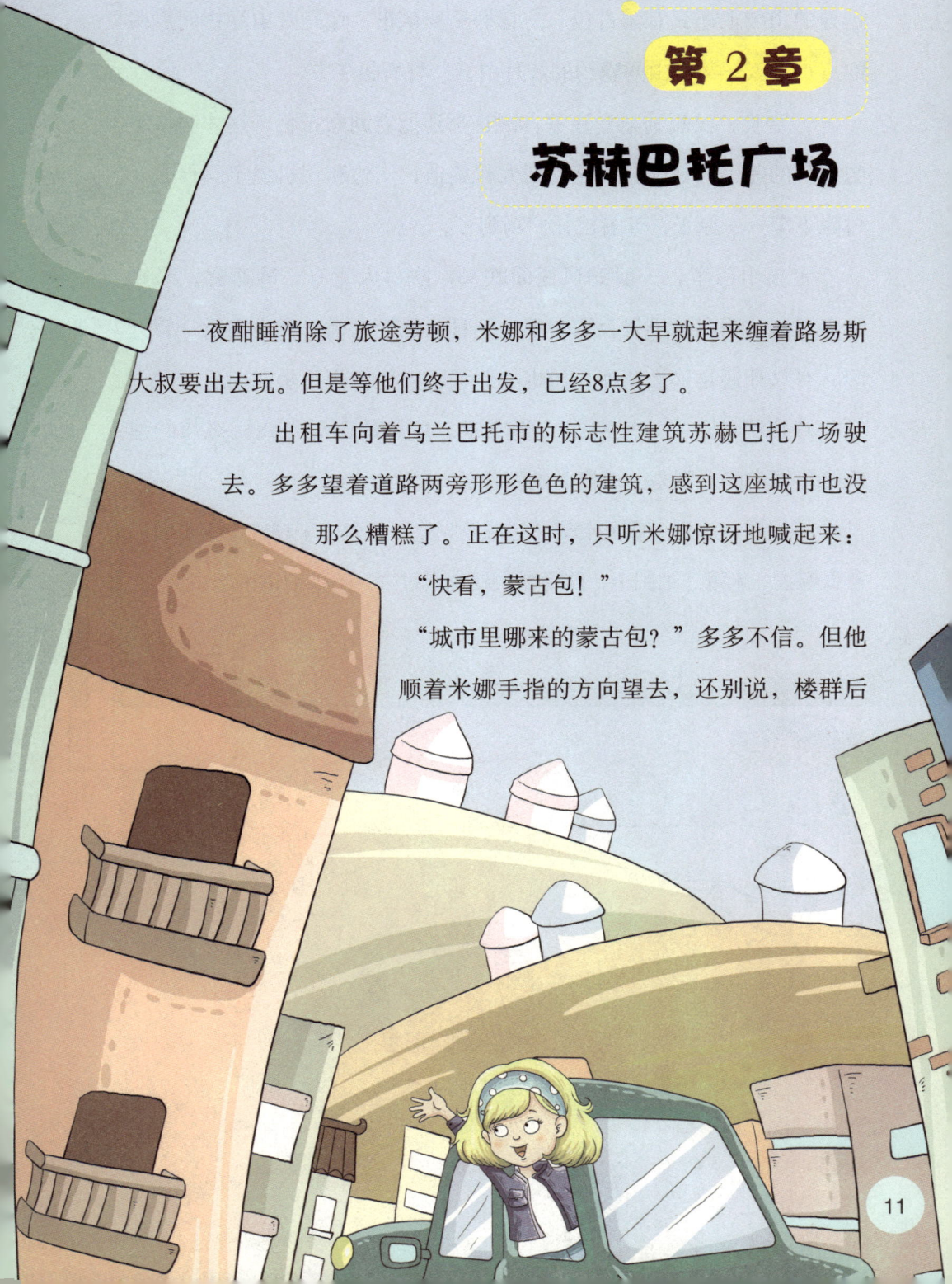

远处的山坡上还真有蒙古包——它们星罗棋布，像是青山绿树间点缀的点点碎玉，又像山间隐约的片片白云，好看极了。

　　"哈哈，没想到吧？在蒙古国首都还能看到蒙古包，这才叫传统与现代的完美结合呢。"路易斯大叔笑道，一边和司机说了句什么，付账下车——原来，苏赫巴托广场到了。

　　走出出租车，一股劲风迎面吹来，吹得人竟有一阵寒意。米娜和多多这才明白这里昼夜温差很大，日头已经老高，天空也是一碧万顷，空气却还是这么清凉，风也如此强劲。他们再抬头向前看，前方是一片宽阔的广场，足有数万平方米。广场的四周是巍峨雄伟的建筑，广场中间，则是一尊高大的石像。

　　"快看，那是一尊勇士骑马的雕像呢！"多多来了精神，快步向那雕像跑去。米娜连忙跟上，路易斯大叔也走过去，给他们讲解起来。

原来，马上的人名叫苏赫巴托，是蒙古人民共和国开国元勋，也是蒙古人心中的大英雄。他左手揽缰，右手高举，样子极为英武；那马儿左前蹄扬起，一双后腿蓄势待发，仿佛要腾空而起，也显得异常神骏。

　　路易斯大叔还告诉他们，这广场正是以苏赫巴托的雕像命名的，在这雕像的底座上，还刻着苏赫巴托的名言和象征蒙古人民团结的浮雕

呢。而广场四周的那些建筑，都是蒙古国重要的象征性建筑——国家宫、国家古典艺术剧院、中央文化宫和乌兰巴托市政厅等。

"咦，你们看，国家宫那面还有好几座雕像呢！"当路易斯大叔指向雕像正北，也就是苏赫巴托面对方向的庄严高大建筑的时候，多多一眼就看到那建筑的正中和廊柱间还有几尊雕像。它们是铜像，廊柱后分左中右

排列三尊坐像，两侧廊柱前还有两尊骑兵像。

"哈哈，走，我们看看去！"路易斯大叔带头走了过去。

他们先看当中的坐像——这是一个中年男子，他面目威严、衣着华贵，显出不可一世的气概。"他……一定就是一代天骄成吉思汗吧？"米娜猜测。

"没错，但你知道他旁边的两个人都是谁吗？"路易斯大叔考起米娜来了。

米娜看了看旁边两尊坐像——他们看起来比成吉思汗要老，但也都显得很威严，而且和成吉思汗面貌相似。"他们……他们是成吉思汗的父亲、祖父？这你可难住我了。"米娜有点犹豫，语气不是很确定。

"哈哈哈，才不是！你正好说反了。"多多大笑起来，"像这种事就该问我了。"

"哼，什么说反了？难道你知道？"米娜不服气。

"当然啦！"多多胸有成竹，"这两个人一个是成吉思汗的儿子，名叫窝阔台；另一个是他的孙子，也就是忽必烈了。"

"咦，那他们怎么比成吉思汗还老呢？"米娜一脸不相信地问路易斯大叔，"多多一定搞错了，对不对？"

　　"不，多多没搞错。"路易斯大叔严肃地说，"他们的确就是窝阔台和忽必烈，也是成吉思汗之后蒙古帝国两位伟大的君主。尤其是忽必烈，他建立了元帝国，他的功业足以和他的祖父媲美呢。至于说相貌嘛，那不重要——成吉思汗铁木真死时只有65岁；忽必烈却还算长寿，活到79岁；但窝阔台就短命一点，55岁就死了。"

　　"这么说，铜像的相貌和年纪没关系喽？"米娜不高兴地说，觉得正是自己"以貌取人"害得自己出了丑。

　　"嗯，没错。别忘了，人不可貌相，铜像更不可以啊！"路易斯大叔笑了笑说，"现在，还是让我们到处看看，领略一下乌兰巴托的

城市风情吧。"

　　三人在苏赫巴托广场转了一圈，参观了中央文化宫和民族历史博物馆，又去游览了释迦摩尼公园，看到高达23米的释迦摩尼立像。下午，他们到乌兰巴托南郊的斋桑山上瞻仰了苏军纪念碑，更从那里俯瞰乌兰巴托全貌。从斋桑山回来，米娜嚷着去了商场，买了套蒙古民族服装，就连多多也买了两双小马靴呢。

　　看看天色渐晚，乌兰巴托宁静下来。夜风更增寒意，路易斯大叔带着米娜和多多返回宾馆，早早休息了。

第3章

跃马品美食

第二天一早，路易斯大叔就租了辆车，带着米娜和多多赶往乌兰巴托南郊的温德府营地。

温德府营地其实是一片牧场，距乌兰巴托仅四五十分钟车程。到达目的地，忽听远处传来隐隐雷声。"要下雨了吗？"他们惊疑地抬头望天，却见依然晴空万里，哪来的雨云呢？

"快看！"米娜喊道。路易斯大叔和多多顺着米娜手指的方向看去，只见远处天际一条黑线滚滚而来，转瞬间变成一条杂色丝带，再

18

近些他们才看清，那竟是数百匹马疾驰而至。

只见那马群中领头的是几匹高头大马，长长的鬃毛和尾巴随风肆意飘扬，强有力的腿肌在丝缎般的毛皮下耸动。

马群两侧是同样风驰电掣的牧马人，他们或手持马竿，或高扬马

鞭，呼喝着把奔马聚成一群，向山坡跑来。兴之所至，他们还在马背上表演起特技来——有的平卧马背，有的直立马鞍，有的藏身马腹，还有的竟从一匹奔马跃上另一匹奔马，让人惊出一身冷汗。

马群到了山坡下，管理员给他们挑了三匹温顺稳健的蒙古马，又开始教他们怎样骑马。掌握要领之后，路易斯大叔率先跨上马背，米娜和多多也被管理员扶上马。他们骑着马小心翼翼地跑动了几步，见马儿十分驯良，心情渐渐放松，纵马奔腾起来。

"哇，这就是策马奔驰的感觉，简直太棒啦！"米娜和多多欢呼着。

他们虽不敢像牧马人那样放开马缰做各种危险动作，也着实体验了一把飞奔在草原上的那种凌空御风、物我两忘的感觉。

跑了一阵，他们来到一座山丘前，见山丘上有一个插着扎满彩带

的树枝的石堆，路易斯大叔停了下来。他告诉孩子们，这是敖包，按照蒙古人的习俗，见到敖包应该祭拜，并为它添上石块。

这时管理员也策马跟了上来，满意地看着他们，并告诉路易斯大叔他们的做法很好，是对蒙古人传统习俗的尊重，还说他们会成为今晚温德府营地的贵客。

吃了些自带的食品，又在草原上玩了一圈，夕阳西沉，天色渐渐暗了。管理员带着他们来到一处营地，山谷间遍布着蒙古包，不远处有小河潺潺流过。原来这里就是温德府营地的蒙古包度假村，今晚这里将有一场盛大的晚会和丰盛的晚宴。

入夜，草原的风真是冰凉，甚至有些刺骨。但面对眼前熊熊的篝火和欢快的人群，米娜他们心里都暖洋洋的。

篝火旁，身穿节日盛装的蒙古男女青年排成排，围成圈，跳起欢

乐的舞蹈，唱起动听的歌谣。那舞蹈仿佛夜的精灵，在火光中闪动；那歌声悠扬嘹亮，传遍夜空。

表演中，米娜和多多看到盅碗舞、筷子舞这样的传统独舞，也看到马刀舞、驯马舞等等现代集体舞，领略到又一种民族风情。最后，他们彻底被感染了，和别的游客一起加入到这幸福欢乐的行列之中，尽情享受起来。

待到夜深，篝火渐暗，人们也纷纷回到蒙古包中去了。夜风凄冷，吹得米娜和多多寒意渐增，最后也不得不随着路易斯大叔回了自己的蒙古包。

好客的主人送来一壶香喷喷的奶茶。一杯奶茶喝下去，他们就

感到由内向外暖和起来，把草原夜晚的寒意都驱散了。接着，手扒羊肉、烤羊肉、奶皮子、奶糕、炒米、蒙古包子、蒙古馅饼……一道道美食端上来，可真让他们大快朵颐了。因为高兴，也为了驱寒，路易斯大叔还喝了整整一壶马奶酒呢。

这顿饭一直吃到深夜，三个人才钻进睡袋，度过了蒙古包中的难忘一夜。

敖包

　　在蒙古很多地方都可以看到用石头、沙土，甚至树枝垒成的敖包。敖包到底是做什么用的呢？

　　一般认为，敖包可以作为路标指示行人方向；也是界碑，划定部落间的领地；还可能是墓地，埋葬着战死的将士；还有人说敖包和烽火台一样，用来传递信息。

　　关于敖包的传说有很多，其中有一个比较著名：成吉思汗早年曾经被蔑儿乞人追杀，幸而靠不儿罕山才保住了性命。脱险后，成吉思汗为了纪念这里，命人垒石成堆，这就是敖包。

第 4 章

从甘丹寺到成吉思汗宫

大概是头一天玩得太兴奋也太疲惫了，直到快中午的时候米娜和多多才从甜美的梦乡中醒来。喝了点奶茶，吃了点奶豆腐和炒米，他们恢复了精神，跟着路易斯大

叔返回乌兰巴托。回到乌兰巴托他们没有停留，而是转道向西，去参观蒙古国最大的寺庙——甘丹寺。

"到蒙古如果没有去过甘丹寺，就等于没有到过蒙古。"路易斯大叔告诉米娜和多多，这是乌兰巴托当地流传的一句话，由此可见甘丹寺在蒙古人心中的地位。

"甘丹寺是一座什么寺？怎么会这么重要呢？"车行路上，米娜和多多好奇地问路易斯大叔。

路易斯大叔告诉他们，甘丹寺是藏传佛教寺庙，有着很特殊的地

位。在中国西藏自治区拉萨市也有一座甘丹寺，更加有名。但这一座则是蒙古国宗教的中心，更有代表性。

接着，路易斯大叔讲起，甘丹是藏语，意思是"兜率天"。"兜率天？"米娜叫起来，"那是神仙住的地方吗？"

"哈哈，也对也不对。"路易斯大叔笑了，"兜率天是未来佛弥勒的世界，所以住的是佛。不过，佛不也是一种神仙吗？"

"好啊，那我们就去看看这个神仙世界吧！"多多也笑着说。

他们这么说笑着，很快就到了甘丹寺。甘丹寺不算大，除了一座大殿、三座佛塔和几个偏殿之外，就只剩下一大片广场了。

一走近广场，他们就看到成群的鸽子。它们有的在天空盘旋飞翔，有的在地上漫步觅食，游客们纷纷将手中的鸽食抛撒在地上，引来一群群鸽子咕咕叫着争抢啄食，非常可爱。

"快，我们也去喂鸽子吧？"米娜欢呼起来，拉着多多跑过去也买了几袋鸽食，小心地撒到地上，生怕惊吓到这些象征着和平的温柔美丽的小动物。

"路易斯大叔，这里真好玩！不过不该叫神仙世界，该叫鸽子世

界才对。"米娜喂过了鸽子，跑回来对路易斯大叔说。

"哈哈，你们还没看过大殿呢！"路易斯大叔也不纠正，只管领着米娜和多多进了大殿。

"哇，好壮观啊！"一迈进大门，米娜和多多就惊呼出来——只见大殿正中有一尊大佛，金光闪闪，浑身缀满了珠宝，显得无比华贵。

"看到了吧？这尊大佛才了不起呢。它是铜佛镀金，高达28米。它才真是甘丹寺的镇寺之宝，蒙古国的国宝呢！"路易斯大叔说，

　　"不过，你们最好安静点。听过'佛门乃清静之地'这句话吗？"

　　看着周围人们异样的眼光，米娜和多多知道自己做错了，扮了个鬼脸，不敢高声喧哗了。

　　"嗯，这样做才对嘛！我们应该尊重不同民族的习俗和宗教信仰。"路易斯大叔说着，示意米娜和多多安静地退出大殿。他们又到几个偏殿看了看，欣赏到用铜浇铸的真人大小的佛像和人像，还在佛塔前合了影，这才走出甘丹寺。

　　离开甘丹寺时，路易斯大叔见时间还早，就告诉司机不用回城，而是绕城而过，向乌兰巴托城东驶去。

　　"这一次我们又是去哪儿呢？"多多见路易斯大叔神秘的样子，忍不住问。

　　"这一次，我们是要去看乌兰巴托的另外一个奇迹，保证不比我

们前天看到的苏赫巴托石像还有刚刚看过的铜像逊色。至于这个奇迹到底是什么，等我们到了你们自然就知道了。"路易斯大叔卖起了关子，就是不肯说到底要看什么。

车子绕过乌兰巴托市中心，在荒漠般的道路上向正东方向行进，一眼望去前方尽是一片戈壁。渐渐地，远方出现一个小亮点，那亮点越来越大，很快就清晰起来，竟又是一座骑马人像，闪烁着金属光泽。

"好耀眼啊！这位骑在马上的又是哪位英雄呢？"多多好奇地问。

　　"他还是我们见过的人，也是蒙古人心目中最伟大的英雄，那就是成吉思汗铁木真！"路易斯大叔说，"不过这座雕像可是现代派——它是不锈钢制成的，而且它还有一个好处，人们可以爬上去，极目远眺四周的景色呢。"

　　说话间车子已经到了雕像跟前，米娜和多多这才真正感受到这雕像的宏伟——它足有40米长，30多米高，人站在它面前，显得十分渺小。

　　登上雕像，来到马头后马鬃的位置，米娜和多多四处眺望，但见群山辽远、戈壁苍茫，真有一种胸怀天下的感觉，这才感到只有像成吉思汗这样的英雄才能有如此胸襟、如此壮志，不禁更佩服这位蒙古人的一代天骄了。

　　下了雕像，他们参观了马蹄下的成吉思汗纪念馆，对这位蒙古大汗的事迹有了更深入的了解。直到暮色四合，远远的蒙古包已燃起炊烟，他们才启程返回乌兰巴托。

关于甘丹寺

最早也最著名的甘丹寺位于我国西藏自治区拉萨市达孜县海拔3800米的旺波日山上，是一座依山而建的佛教寺庙建筑群。

这座甘丹寺始建于1409年，是藏传佛教格鲁派创始人宗喀巴亲自筹建的。拉萨甘丹寺恢宏肃穆、壮观巍峨，由50多座殿塔楼阁组成，规模庞大，是藏传佛教建筑的代表。

除了拉萨的甘丹寺外，印度卡纳塔克邦也有一座甘丹寺，但规模要小得多。

第5章

赛马

　　路易斯大叔三人离开赛布鲁场地时，看到有许多人都往同一个方向走去，还有人在说："快点走，赛马就要开始了！"三人一听，不约而同地随着人流而去。

　　路易斯大叔边走边说："我听说，蒙古的那达慕赛马有几种形式：快马赛，直跑几十千米，先到者为冠军；障碍赛，就是在一定距

离内设置沟坎、土堆或栅栏等障碍，骑手骑马跃过；走马赛，是看马跑时的平稳和舒适度；颠马赛，就是在马上的杂技表演。"

"听起来，颠马赛和障碍赛似乎更好玩、更刺激，咱们先去看这两种吧。"多多说。米娜也表示赞同，恰好这两种比赛在不同赛场举办，而且时间前后相接，于是三人先去了颠马赛的场地。

比赛开始了，只见一名骑手在场地中打马飞奔，一会儿在马背上直直站立；一忽儿在马背上来个前滚翻，再接个后滚翻；一会儿双手紧紧抓住马鞍，双臂直立，整个身子凌空伸开；一会儿一手拽住马鞍，身子紧贴奔马的一侧，另一只手飞快地从地上捡起一只线球……不管马儿跑得多快，骑手都犹如牢牢地长在马身上一样，惊险而精彩的表演掀起一阵阵喝彩的浪潮。

接下来几个骑手的表演同样精彩绝伦，观众们使劲儿地鼓掌、喝

彩。路易斯大叔三人看得目瞪口呆，嗓子几乎喊哑，手掌几乎拍肿。

颠马赛结束后，三人又快速转移到了障碍赛的赛场，只见赛道上设置了栅栏、宽沟、急弯、上和下的陡坡等许多障碍。米娜一看便说："那些马儿好可怜，要过这么难的障碍！"

比赛开始了，一位位选手依次通过各个障碍，他们大多如履平地，有惊无险地跨过一个个障碍，只偶尔会有些失误，让米娜和多多惊叹不已，其中一个十五六岁的男孩更是引起了他们的注意。

这个男孩骑着一头小红马，只比栅栏障碍高一点点。看到他出场，大家都不由为他担心。但他自己显得非常自信。上马前，他拍拍马的头，搂着马的脖子，与马磨蹭亲昵，然后才翻身上马。他打马飞奔，迅速冲到第一个栅栏前，接着轻轻一抖缰绳，小红马便两只前蹄

猛地跃起，跨过了栅栏，紧接着后腿猛蹬，整个身子腾空而起。而男孩屁股离开马鞍，身子向前弯拱着，头部向前，双腿和膝盖夹紧马身子。随着小红马稳稳落地，观众喝彩声爆响。

　　跃过栅栏不远，是一个很陡的爬坡，坡度少说也超过40°。小红马飞一般地跑上了百多米的陡坡，丝毫不见为难。紧接着是一个同样很陡的下坡，男孩一开始并不让小红马跑得很快，跑到一多半时，才让小红马加快速度飞奔。跑到坡底，是一条四五米宽的土沟，在小红马的前蹄落到土沟边缘附近时，小男孩把身子俯下，又是轻轻一抖缰绳，小红马再次腾空而起，轻易跃过了土沟。再跑不远便是"S"形的急转弯，小红马和男孩都轻松通过。

虽然最终小男孩并没有得到冠军，只得到了第七名，但观众们依然给了他最热烈的掌声和喝彩声。许多人纷纷说着祝福的话，并为他献上雪白的哈达。

看完颠马赛和障碍赛，多多和米娜都看得十分心痒，于是去参加了儿童骑马比赛。这种比赛是将快马赛和障碍赛融合在一起，在200米一圈的跑道上设置了一些很低的栅栏、很浅很窄的沟坎等简单障碍。骑着赛场提供的小马，多多和米娜也过了一把赛马的瘾，尽管经常失误，却玩得非常开心。

最后三人在大大小小的摊位上闲逛。路易斯大叔购买了一块比较大的挂毯，挂毯色泽柔和，做工精细，上面的图案和绘画也非常精美。他还买了一件设计得很合理、做工也很考究的皮衣。看到有蒙

古舞蹈表演的时候，他们还在一边跟着学跳舞，抖肩、踢腿、甩袖。尤其是米娜，把蒙古姑娘的舞蹈学得惟妙惟肖，引得周围的观众大声喝彩。多多则把蒙古草原的骑马舞学得有板有眼。度过这精彩的一天后，他们兴高采烈地回到了苏赫巴托广场附近的宾馆。

苏赫巴托广场

　　苏赫巴托广场位于乌兰巴托的市中心，并以蒙古人民共和国开国元勋苏赫巴托尔的名字来命名。广场北面是蒙古国家宫，国家宫前面是苏赫巴托尔和另一位蒙古人民共和国的缔造者乔巴山的墓。蒙古国家古典艺术剧院和中央文化宫位于广场东面，西面则是乌兰巴托市政府、中央邮局等。广场中央那座苏赫巴托尔骑马的石雕是苏赫巴托尔纪念碑。蒙古国的重大节日和庆典仪式以及欢迎外国元首及政府首脑的仪式都在这个广场举行。

第 6 章

那达慕大会

看过蒙古国的故宫，米娜和多多以为应该安排到蒙古国其他地方去玩了。但路易斯大叔这几天不是带他们到街边随便逛逛，就是呆在宾馆不出门，一点离开乌兰巴托的意思都没有。直到7月11日早晨，路易斯大叔才宣布，今天他们要去参加蒙古国最盛大的娱乐竞技活动———一年一度的"伊赫那达慕"。

走出宾馆来到街头，他们才发现这一天的乌兰巴托果然格外繁华热闹——街上到处都是身穿节日盛装的人流，仿佛这一天整个蒙古国的人都来到了首都；人们欢声笑语，喜气洋洋，空气中都好像弥漫着喜悦；街头巷尾到处悬挂着蒙古国旗，就连车上、马上都飘扬着旗帜……

随着人流，路易斯大叔他们来到乌兰巴托市的中央体育场，"伊赫那达慕"即将在这里举行。

在路上，路易斯大叔已经告诉米娜和多多，伊赫那达慕是蒙古国最隆重的那达慕活动，每年7月11日到

7月13日在乌兰巴托举行。而那达慕则是蒙古人民酷爱的快乐的游戏活动，一到七八月份整个蒙古草原上到处都能遇到呢。

　　进入体育场后落座不久，"伊赫那达慕"开幕了。整个开幕式精彩纷呈，米娜和多多又看到盅碗舞、筷子舞等蒙古族的传统舞蹈表演，还有马术表演、现代舞蹈和蒙古族民间乐器马头琴演奏等，让他们大饱眼福、赏心悦目。

　　开幕式之后，正式的竞技比赛开始了。

　　第一个项目就是摔跤。运动场上，一对对摔跤手舞起雄鹰展翅般

的舞姿出场了——只见他们上身穿钉有铜钉的皮坎肩，下着肥大的套裤，腰缠红蓝黄三色围裙，还扎着皮带，足蹬马靴，有些摔跤手脖子上还缠着五颜六色的布条，个个都神气极了。

路易斯大叔低声告诉米娜和多多，这些摔跤手穿的是传统跤衣，而那些脖子上戴着布条项圈的，是赢得过比赛的著名摔跤手，只有他们才可以佩戴那象征荣誉的布条项圈——江嘎。

这时候，比赛正式开始了。但见那些摔跤手们两两相对，探手抓住对方坎肩上的铜钉，紧紧纠缠在一起——腿下踢、绊，双臂勾、缠，都奋力要把敌手摔倒。一时间场上争斗激烈，场下欢声雷动，热

闹极了。

"哇，好精彩！"多多看得兴高采烈、手舞足蹈，恨不得自己也下场去大显身手。

"他们这样打，怎么才算决出胜负呢？"米娜一头雾水，疑惑地问路易斯大叔。

"蒙古式摔跤是淘汰制，按现在的规则，只要让对方身体的任意一处着地就算胜利。"路易斯大叔说着，指向场中，"你看，那个选手一搭上对方就被凌空摔倒、双肩着地，漂亮！这可是一次完胜呢！"

说话间，场中很多对选手之间都分出了胜负，胜者向负者鞠躬行礼，负者还礼后退出了赛场。裁判员走上来，重新给选手配对，第二轮比赛又开始了……

大半天下来，摔跤比赛终于决出了冠军。人们欢呼着，美丽的少女向摔跤勇士敬献鲜花表示祝贺，体育馆内一片沸腾。

第二天是射箭比赛。这是力量和准确性的角逐，也是坚毅和耐性的较量。箭手们张弓如满月，瞄准目标一箭射去，只要命中靶心，立刻就赢来一阵掌声和喝彩。但他们个个都沉着冷静，丝毫不受外界影响，专注地射好每一箭，争取拿到最好的成绩。

在射箭比赛的过程中还穿插着骑射表演。箭手们策马飞奔，猛地张弓搭箭，正射、背射甚至在马腹下"镫里藏身"远射，箭箭正中红心，令米娜和多多大开眼界。

射箭比赛又持续了一天，第三天开始赛马。这是真正激动人心的比赛，赛马要比速度，比技术，更要比勇气。在这一天中有纯粹竞技速度的快马赛，有技术与速度并重的障碍赛，还有以马上特技为主的颠马赛，真是让米娜和多多目不暇接。

最令多多感慨的是，参加障碍赛和颠马赛的竟然很多都是孩子。看着这些和自己差不多大的孩子们个个身怀绝技，多多别提多羡慕

了。他一遍遍地说："我也要苦练马术，下次再来，我一定要夺一个冠军回去！"

"蒙古人的孩子从生下来就生活在马背上，就算睡着了都不会掉下来，你行吗？"米娜语带夸张地说，路易斯大叔在旁边会心地笑了。

这三天里，米娜和多多算是过足了瘾，也长了不少见识——他们看了套马表演，还学到蒙古象棋、蒙古跳棋等好几种游戏呢。

那达慕

那达慕是我国蒙古族传统群众性盛会，锡林郭勒盟的那达慕具有代表性，那达慕起源于蒙古汗国建立初期，早在1206年，成吉思汗被推举为蒙古大汗时，就举了盛大的那达慕。

相传那达慕是从祭敖包仪式发展起来的，远在汉朝就有流传。早期的那达慕通常只进行摔跤、射箭和赛马之中的一种，大规模的那达慕还有由喇嘛主持的祭祀活动。

如今，那达慕与时俱进，不单举行全部三项赛事，而且还加入了一些蒙古族其他的传统活动，如套马、蒙古象棋等；同时女子也可以参加摔跤比赛了，甚至像排球、篮球这样的现代运动项目也进入了那达慕赛场。

那达慕通常在每年七八月间水草丰美的季节举行。文中提到的伊赫那达慕固定在每年的7月11日至13日举行，已经成为蒙古国国庆期间的重大庆典活动之一。

第7章

蒙古国的"故宫"

　　这些天，米娜经常嚷着要去博格多汗宫游玩，她还振振有词地说："博格多汗宫号称蒙古国的'故宫'。你们也知道，中国的故宫是极其灿烂辉煌的，难道不想看看蒙古国的'故宫'是什么样子的吗？"

　　这天，路易斯大叔终于决定，他们今天的目的地就是博格多汗宫。米娜非常高兴，拉着多多的手又蹦又跳。

他们终于看到了这座庞大的建筑群。从它所在的位置看，不愧是"故宫"，当真是占尽了"风水宝地"。它本身坐落在芳草茵茵的草川上，南面依偎着静静流淌的图拉河，靠着不远处的博格多汗山。三人登上一处高坡，从高处看整个博格多汗宫，从牌楼往北，它的主体建筑横向、纵向排列，就像一个汉字"目"。

从高坡上往下走时，路易斯大叔说："有学者认为这里从1836年起，经清朝皇帝道光帝允许后，就已经开始建造了。起初是宗教圣地，还曾经是蒙古最后一位国王——博格多汗冬季居住的宫殿，如今则是作为博物馆对外开放。"

三人从南向北游览。在进入前庭广场前，米娜老远就喊起来：
"快看，龙壁！"

　　米娜说的龙壁，其实是一面照壁，因为是中国传统的建筑风格，所以让她感到特别亲切。照壁位于整个建筑群中轴线的南端，由青砖砌成。照壁中间是一组浮雕，上面是二龙戏珠的图案，下面是海水礁岩，花纹精美而繁复。照壁的底座上下凸出，中间凹入，这叫须弥座。照壁两则还有两面墙壁，称为壁垛，两个壁垛成"八"字形状，与中间部分连为一个整体。照壁顶端由青砖和青瓦砌成突出的檐，看

起来十分复杂。

　　照壁的北面是一座高大的牌楼，由4根红色的圆柱撑起。屋脊飞檐勾角，由绿瓦砌成，每个角上还挂着一个金色的小铃铛。大片的绿色屋脊与主体的红色搭配，异常鲜艳夺目。最长的那条主屋脊两端各连着两条略微向上弯曲的屋脊，5条屋脊构成的四个面都是曲面。牌楼上面有一块牌匾，以蓝色为底，写着金色的文字。米娜认出来上面有4个汉字"乐善好施"。还有其他3种文字，她不认识，路易斯大叔说分别是蒙、满、藏的文字。

　　过了牌楼便是一个十分宽阔的前庭广场，最北面是第一道宫门，东西两边各有一个红柱绿瓦的牌坊。

　　第一道宫门气势巍峨，白色石座上的红色圆柱撑起3层绿色屋顶。宫门共3道，居中那道比两边的侧门要高大。有意思的是，三对红色的大门上绘着哼哈二将的巨幅图像，手持金锤，面目狰狞，

却又英武不凡。大门两侧的小格子里，也绘着精美的人物。屋顶的横梁上则绘有颜色鲜艳的中国古代吉祥图纹。雕梁画栋、重檐朱壁的风格富有浓郁的中国古典建筑气息。

三人往第二道宫门走时，米娜不由嘀咕道："为什么这里的建筑风格包含那么多中国元素呢？"

路易斯大叔说："因为它们是中国政府无偿援助建造的，而且由西安文物保护修复中心维修。"

"我说呢，难怪会这么像我们老祖宗的东西。"米娜自豪地说。

第二道宫门建筑风格与前道不同，共有上下两层，看上去像个"凸"字形，正面的外檐上悬挂着一块牌匾，蓝底银字，从上往下分

别用蒙、藏、满、汉4种文字写着"广慧寺"。宫门两侧有赭红色的围墙围护。宫门的第一层分为三间，只有中间一个门，另外两间只有窗户。第一层的屋顶四面出檐，四个角向上翘起，但屋顶都是平面的，上面盖着绿色的瓦。第二层是平顶，上面有一间大阁楼，顶上是一个四角飞檐的木质顶层，绿瓦绿山墙。

宫门东边是钟亭，西边是鼓亭。亭子都是六角形绿色尖顶，屋顶是曲面，都是单层屋檐。

三人从第二道宫门走过，朝一个院子走去。路易斯大叔说："那是一进院，又叫南院。"

走进一进院，他们看到里面有一座高大的主殿，结构与第二道宫门类似，呈"凸"字形。主殿第一层有5间，屋顶铺着灰白色的瓦，前后有两个大斜屋檐，左右是两个小斜屋檐。小屋檐上直立着两个三角形山墙。屋顶正中有一个绿瓦阁楼。

主殿中间的前方突出来一个抱厦厅，屋顶是圆的，与主殿的"凸"字形构成了一个立体的"品"字形。这些屋顶屋檐的角一律都是上翘的，周围还有围栏。

这些曲直搭配富有弹性的线条，以及那精细的做工，几乎每一片瓦都极尽装饰，使整座主殿既显得富丽庄重，又不失活泼。

　　有些大门旁边的小格子里的彩绘也很有意思，例如有一幅图，是一只猴子骑着一头大象，猴子双手举着一只兔子，兔子身上站了一只鸟。看到这些，多多和米娜也兴奋起来，专门找这样的画看，显得兴致很高，不时发出赞叹声。

　　从一进院进入二进院，三人看到这里的建筑更加富丽堂皇，因为这里是博格多汗宫的主院。路易斯大叔说："这里又叫夏宫。在二宫门东侧的宫殿是冬宫，专供在严寒的冬天居住。"

第一层正面从左到右共有9间，南、东、西三面是围廊，绘制精美的梁栋和柱子支撑着绿色的屋顶。它的屋顶只有前后两面大斜坡，左右两侧则是与墙面一体的直立的三角形山墙。

第二层正面有3间，也带有围廊，用的是飞檐的绿瓦屋顶。屋脊的正中间还有一个绿瓦方亭。

通往二层的楼梯没有放在一层的房间内，而是设置在一层后面。米娜和多多对此感到十分奇怪，路易斯大叔解释说："这样就不需要单独用一间屋子来建造楼梯，从而可以扩大一层的使用空间。"

看完这些建筑，三人兴高采烈地走进了博物馆的内部。里面的文物品种极多，有英国女王赠送的西式马车，有用豹皮制成的蒙古包，有哲布尊丹巴一世这位杰出的宗教家、建筑师、艺术家所创作的作品。其中的佛像形象显得非常生动，线条流畅，比例协调，形态多样而奇特，风格独成一家。

　　米娜和多多觉得那些雕像非常好看。米娜问路易斯大叔："这些雕像为什么这么精致好看？它们都是几百年甚至上千年的文物，那时技术不发达，是怎么做出来的呢？"

　　路易斯大叔耐心地讲解这些雕像的工艺："它们的风格源于东北印度的帕拉风格，以黄铜为主的材料有着温润的色泽，表面又亮又滑，可以很好地表现出人物身体的光滑圆润。那些栩栩如生的雕像，五官清晰，眉眼较长，身材挺拔匀称，宽宽的肩膀，较细的身腰，身体各部位的起伏，通过这种材料也能表现得非常明显。雕像的头饰一般采用花冠或者三叶冠。或许是为了更好地表现雕像的身体之美，服饰便显得很简单，几乎没有大的衣纹痕迹，只是在领口、袖口可以看到起伏的边缘线，但是线条柔和、流畅，与雕像平静、庄严的风格非常协调。"

米娜在一组缩微雕塑面前看了好久，看上去像是蜡像，背景是蒙古国特有的风景和文化。有一组雕像展现的是蒙古人欢庆的场景，雕像中的蒙古各民族姑娘身着自己民族的服装，在欢快地跳舞。那些鲜艳漂亮的服饰，让米娜羡慕不已。她们有的戴着高高的帽子，有的帽子上装饰着长长的羽毛，有的盘着像牛角一样的头发，有的帽子上缀着各种流苏和流穗。

这里还有著名的唐卡《蒙古人的一天》，画面有上百的人物、马匹、蒙古包等，色彩鲜艳，栩栩如生，非常精美，让三人大大赞叹了一番。

唐卡

　　唐卡是起源于中国西藏的一种绘画工艺，是用天然的矿物、植物染料在布或者纸上作画，然后用绸缎缝制装裱的绘画工艺。上端有带丝绳的横轴，便于悬挂，下端横轴两端有精美的柱头。因为用料考究，所以色彩鲜艳且不会变色或者褪色，可以较长时间保存。据说藏族的第一幅唐卡是由松赞干布绘画，文成公主装裱的《白拉姆》像。

第8章

遇见野骆驼

越野车在路上奔驰，速度并不快，这是阿古达木为了让路易斯大叔等人顺便欣赏一下路边的风景。他们已经出了乌兰巴托市区，正往东方80千米以外的国家公园特日勒吉驶去，那里是乌兰巴托郊外最热门的旅游之地。虽然这里正值夏天，白天中午的气温也有30℃以上，然而上午的气温还是非常舒适的，而且阿古达木说，那里地处肯特山脉，海拔有1600米，即便是在夏天，也不是很热。

一路上，他们不时看到一片片绿油油的草地，上面点缀着各色蒙古包，牛、羊、马悠闲地吃着草，还不时停下来看看经过的旅人。旖旎的风光，清新的空气，让他们心情非常舒畅。

不到一个小时，他们就到了目的地。一下车，路易斯大叔三人便都睁大了眼睛，被眼前美丽的景色所震撼，米娜更是惊叹起来："天哪，我们是来到了人间仙境吗？太美了！"

出现在他们眼前的草地，与其他地方的有很大不同。这里的草地颜色更丰富，就像随意涂抹的水彩画，不光有茵茵绿草，还有色彩缤纷的说不出名字的花儿点缀其上，就像在亮绿的天幕上闪烁着点点彩

灯之光。远处白色的蒙古包与草地上近处的野花融为一体，和谐而优美。如果说他们以前见过的草地像绿衣少女的话，那么这里的草地就更像彩衣少年，因为以前的草地更柔美，而这里的草地更狂野一些。这里的草地起伏更大，更富有变化。

当他们的目光顺着广阔的草地往远处望去，常会遇到一棵棵随意伸展着枝叶的树，让你就想多打量它们几眼；或者是几株树随意那么一站，他们想绕过继续往远处看，它们却调皮地把几人的眼光又拉了回来；或者就是一块怪石跳进了他们的视野之内，就那么孤零零地，让他们心生好奇，不知道它在那里干什么。

当他们在欣赏草地的时候，不远处的树林和连绵的群山似乎又在着急地诱惑他们去欣赏。这里的树林依然是多彩的，越过清澈的河水及河边那红的、白的、黑的骏马，便是山坡上那多彩的树林，红的、黄的、棕的……乍一看似乎很清晰，可是一转眼，又似乎有一层白烟在它们面前飘荡。在日光照射到的地方，又会显现出像彩虹一般的颜色，只是更随意、更自然地变化着。

再往上看，群山顶部翻滚着白云，一会儿如万马奔腾，一会儿

如巨浪翻滚，风来时，那云就像怕被捉住一样，四散逃开；当风过去时，便又聚集起来。那些被挤下来，或者泄露下来的，便随意地在林中飘荡，让树林有了朦胧的感觉。云的影子映在清澈的河水里，便和河里的鱼一起游动。

附近的草地上有一头牛，看到有人来了，竟然大胆地朝路易斯大叔他们走来，绕着他们转悠，还不时把脖子在他们身上磨蹭，好像在欢迎他们一样。这头牛长得很有"个性"，4只蹄子是白色的，头部和脖子底下也是白色的，其余部位则是紫黄色的。两只角的根部斜着向两边生长，然后拐弯向中间，尖尖的角令人望而生畏。这些在草地上放养的牛，不同于圈养的牛，它的体格更精干，各部位比例更协调。米娜从地上拽了一把草，喂给那头牛吃，牛吃完草，"哞"地叫了一声，把米娜和多多逗得直笑。

在阿古达木的带领下，大家来到负有盛名的乌龟石旁边。这是一整块石头，经过日晒雨淋、风霜雪冻，已然出现了斑驳的裂缝。阿古达木说："这块石头因为形状像乌龟而得名。"但当大家从正面看时，无论如何也看不出石头的形状像乌龟。可是，当他们绕到侧面，一下子便发现它名为"乌龟石"的确是名副其实。

石头最高的地方与其他部分已经有裂缝分开，前面比较尖，后面比较宽，这就是乌龟高高仰起的头部。再往后，是一大块斜着的石板，石板上有一条裂缝，表面明显向上凸起，靠近地面的边缘是曲线形的，就像一个硕大坚实的乌龟壳。在"头部"下面和"龟壳"的前面，还有一块斜向上的石头，表面向上凸起，就像圆柱的侧面，这就是"乌龟"的一条前腿了。

乌龟石周围是一片空旷的草地，不远处则是连绵的石山，使"乌龟"显得十分威武。大自然造就了这一神奇的景观，因此受到了人们的珍视。凡来这里的人都会过来参观一下这一自然奇观。

　　离开乌龟石，几人来到一条河边，河水非常清澈，就连河边的沙石也带有一种纯净。路易斯大叔说："这条河是流经乌兰巴托的图拉河，发源自肯特山。"

　　或许是看到了水，多多忽然说："好渴！大叔，我们带的矿泉水还有吗？"

　　"哎呀，只剩下一点点了。"路易斯大叔掏出水瓶，"不过，我听说这里的河水没有污染，应该是可以直接喝的。"

　　"没错。"阿古达木也点头。

　　于是，多多用手捧起河水，咕嘟咕嘟喝了好几口。河水清冽，略带甜味，多多顿时感到精神为之一振。

　　"快看，那边！"米娜喊道。大家顺着米娜指的方向看去，只见

河中有小船顺流而下。

在河的上游泛舟观景，这真是个不错的主意！大家很快找到了可以乘舟的码头。

小船走得并不快，此时的特日勒吉变成了一个万花筒，一会儿是陡峭的山壁，一会儿是大片的草地，一会儿又变成了茂密的森林。多多和米娜不时举起望远镜，看向更远的风景。

在小船行驶到一片长着稀疏草丛的戈壁地带的时候，多多突然又喊起来："骆驼，是野骆驼，我看到野骆驼了！"

"我也看到了！"米娜也喊道。

路易斯大叔赶紧让小船停下来，也举起自己的望远镜看去，果然发现有一头大骆驼和一头小骆驼，看样子是母骆驼领着自己几个月大

的孩子在觅食。小骆驼的两个驼峰大概只有两个成人的拳头那么大。母骆驼警惕性很高，它每低头吃几口草，便抬起头来张望一下，并不时唤回离自己较远的小骆驼。

"不好，骆驼危险了！"路易斯大叔喊道。原来他发现在戈壁边缘的树林里，树叶有不规则的晃动，不像风吹过时的摇动。他用望远镜搜索了一下，发现有一只雪豹正在慢慢靠近，显然是想袭击骆驼母子。正在路易斯大叔着急的时候，母骆驼抬起了头，用鼻子向四周嗅了嗅，好像发现了潜在的危险，便领着小骆驼快速向远处跑去。路易斯大叔这才松了口气。

他们继续乘船顺流而下，看到几匹马，它们的体格比平常的马略小，头比较宽大，脖子上的鬃毛也不太长，但是比较直。身体上的毛呈焦黄色，还泛着白色，在腹部和腿部白色更明显，而四条腿的下部

一般是黑色。

　　马群正在河边喝水，但是似乎有一只在担任警戒，经常抬起头来张望。当它看到小船向它们驶来时，便发出一声嘶叫，马群立即往远处跑去。大概是因为发现没有危险，它们在船驶过不多远，便又返回了河边。

　　小船继续下行，路易斯大叔他们更在意周围草地和树林中的动物，有各种鸟儿，被惊得扑棱棱飞了起来；有灵巧的狐狸突然窜出，又倏忽躲了起来；有从草丛里仓促跳出来逃跑的野兔；还有羚羊灵巧地在山岩上跳来跳去。多多和米娜手里举着望

远镜，不时大声发出一阵阵惊叹。

　　在阿古达木的推荐下，路易斯大叔他们又来到骆驼驯养场，体验了一下骑骆驼的感觉。在主人的口令下，骆驼首先跪下来，等路易斯大叔和米娜、多多跨上骆驼双峰之间的部位之后，骆驼就稳稳地站了起来，然后慢吞吞地走着。三人顿时觉得自己像个巨人，站得非常高。骑骆驼不像骑马那样拉风，但是很平稳。

　　下骆驼时，骆驼也是先跪下，让人下来。在站起和跪下的过程中，人体会有轻微前倾或后仰的感觉，但是不会有什么危险。如果骆驼面前有尖利的东西，骆驼还会拒绝跪下，直到危险排除后，它们才会跪下。米娜和多多大呼过瘾。

　　特日勒吉国家森林公园的密林、绿地、青山、碧水让路易斯大叔他们流连忘返，他们玩得很尽兴。

第 9 章

帝都旧风

"在历史上，蒙古人建立的蒙古帝国，都城曾多次迁徙，其中的一个都城是哈拉和林。它曾经是一个历史之谜，直到20世纪50年代前后，才被考古学界最终认定为蒙古帝国的'旧都'。

"哈拉和林位于蒙古国前杭爱省内，鄂尔浑河上游的东侧。从地

蒙古首都
乌兰巴托

图上看，它的西面和南面群山连绵，北面和东面则要平坦得多。这里也是蒙古高原的中心，盛夏时，树木茂密，繁花似锦。"

路易斯大叔兴致勃勃地说着，多多和米娜听得津津有味。他们所乘坐的汽车也似乎很兴奋，疾驰飞向哈拉和林。

"在突厥语中，哈拉和林的意思是'黑圆石'。1235年，蒙古国的第二位大汗，也就是成吉思汗的第三个儿子——窝阔台把这里作为蒙古国的都城。当时，欧洲和亚洲大陆的大部分都在这座城市的控制之下，通往哈拉和林的驿道上经常奔走着罗马教皇的传教士、南宋皇帝的使节、高丽国王的进贡者。世界上的奇珍异宝，也如流水一样汇集到这里。"

　　尽管一路上非常颠簸，但是三人还是兴致很高，不忘观赏周围的景致。湛蓝的天空中除了飘动的白云，还不时有各种鸟儿从他们上方飞过，也有各种动物横穿马路。越野车一会儿驶过广阔的草地，一会儿在密林中穿行。

　　经过大约五六个小时的车程，当他们经过一座位于小山顶上的大敖包时，路易斯大叔说："我们已经进入了哈拉和林。"

　　那座大敖包上插着蒙古骑兵的旗帜——苏鲁锭军旗，3道弧形的围墙围在四周。雄鹰在上空盘旋，给它增添了一丝神圣的色彩。

　　因为长时间的颠簸，路易斯大叔他们很劳累，他们在离哈拉和林较近的市区住下休息了一晚。第二天他们便早早地来到了古城遗址，也就是那个曾经盛极一时的古都——哈拉和林。

在古城遗址的南边，三人看到了一座形似乌龟的石雕，背上驮着一块石碑，上面刻着一些文字。

多多对米娜说："我在中国的一些地方也经常看到这样的乌龟，是什么意思呢？"

路易斯大叔说："这石雕其实不是乌龟，而是龟趺。你仔细看，它虽然外形很像乌龟，但并不是乌龟，它有牙齿，而乌龟是没有牙齿的，而且背部甲上的形状也和乌龟不太一样。"

除了这个龟趺，古城没有留下多少遗迹，然而从眼前的遗址中，博学的路易斯大叔还是可以说出一些当初古城的景况。只要站得稍高

一些，就可以看出整个古城的大体框架。哈拉和林分为外城和宫城。据旅行家马可·波罗描述，"哈拉和林城延袤三里"。根据当时的长度单位推测，外城的周长有5000多米。看上去像个梯形，南北长有1500米，东西长的地方有1000多米，窄的地方有将近600米。古城的外城从整体上看，并不是呈正南正北走向，而是略呈东北西南走向。四面城墙上都有一个门，但是并没有在门的附近再建其他防护设施。从残留的遗址看，城墙是先竖起板子，中间再填上黄土，砸实筑成的。外城内有十字大街，分别通向4个城门。

从外城的南门进去，往左拐，便可以看到外城内部西南"万安城"，也就是宫城遗址了。看上去也像个梯形。南北长有250多米，东西最宽处也有250多米，窄处约220米。不过与外城偏东不同，宫城略微偏西，方向与位置显然与外城不一致。

　　"大叔，你从这些城墙遗址上能看出来什么，能给我讲讲吗？"多多要求道。

路易斯大叔说："别看今天这里都是残垣断壁，当初可是极其豪奢的。看到那条长长的墙址和柱子底座了吧。"路易斯大叔指向宫城北部一条大约80米长的墙基。

　　多多和米娜看了一下，墙基很宽，足有半米多，比路易斯大叔还高，估计有3米。

　　"这里就是万安宫觐见大厅所在的地方，"路易斯大叔继续说，"大厅中央部分铺的是绿釉砖，而大厅北部铺的砖没有上釉。那些石墩有64个，当时用来支撑大厅的柱子就是建在它们上面。考古学家在大厅两面的侧楼遗址发现了很多珠宝和金银首饰，因此这里可能就是当时王公贵族们的住宅。"

　　"大叔，你不是要说他们豪奢的生活吗？"米娜问道。

　　"这就说到了，"路易斯大叔又指着宫城南墙遗址说，"墙的

中部就是大门殿。蒙哥大汗在位时，请一位名叫威廉的巴黎工匠在这里建造了一棵巨型银树。在树的顶部有一个小天使，手里拿着一个喇叭。银树的根部是4只银狮，每只银狮口里的一根管子通到树干里面，再从树顶上伸出。每根管子的顶端有一条尾巴盘在树干上的镀金蛇。在树的根部还有4个盆，可以承接管子里流出的饮品：马奶、蜂蜜酒、米酒和葡萄酒。"

"哇，这比现在的任何一种饮料机都好！"多多惊叹道，"蒙哥太会享受了！"

"鄂尔浑峡谷文化景观"

"可是现在看来，也只不过是一堆黄土了！"米娜感慨地说。

"这里可不仅仅是黄土，"路易斯大叔说，"现在这里是世界文化遗产名录'鄂尔浑峡谷文化景观'的重要组成部分。附近还有额尔德尼昭寺，也是组成部分之一，它是建于15世纪80年代中期的蒙古第一座喇嘛庙，是由成吉思汗的第29代孙子阿巴岱汗下令建造的。"

"这么有名呀，我们也去看看吧。"米娜说。

于是，三人往额尔德尼昭寺走去。

"哈，这个地方太有个性了！"米娜远远看见额尔德尼昭寺便喊起来。

米娜说得不错，这座建筑从整体上看是一个边长400米的正方形，外边围着高大的、用土建成的围墙。4条围墙中间各有一个门，每边城墙上都有25个城垛，每个城垛上都会耸起一座小白塔，每座塔之间的距离是15米。四个角上也分别建有一大一小两座白塔。

路易斯大叔说："围墙上每一座白塔，都代表着一件历史大事，或是代表在政治、宗教方面有重要影响的人物的陵墓。"

三人走进大门，看到一个巨大的圆形台基，直径约是45米。路易斯大叔说："这里原来是阿巴岱汗召集会议用的毡房，从留下来的痕迹上依稀可以看出当年的壮观。"

从圆台往西，是高大雄伟的藏式建筑拉布兰殿，中间是三层高的主楼，两侧是两层高的翼楼，构成一个"凸"字的形状，屋顶都是平台式的。每层的窗户都是上宽下窄，窗户顶部有短短的窗檐突出。正殿入口处是哼哈二将威武的雕像。

走进拉布兰殿，他们看到了八大金刚和十八罗汉的塑像，以及各种铜铸佛像，路易斯大叔说这里以前是举行法事的地方。

　　寺院里还有三座建在砖台上的大殿，外部轮廓呈长方形，屋顶上是黄、绿、紫三种颜色的琉璃瓦，屋角上蹲坐着凶恶的吻兽。这三座殿里分别是释迦牟尼青少年、中年和老年时期的雕像。

第 10 章

东方的瑞士——库苏古尔湖

这天早上起床后，米娜不停地抱怨着："蒙古的天气真是太热、太干了！只是来了几天，我的脸上、胳膊上都起皮了，都有点不想出去了。"

"既然如此，今天我们就去一个水多的地方。"路易斯大叔说，"在很多人心目中，蒙古国是一个干旱少雨的地方，但是淡水储量却不少，因为在蒙古国北部有一个号称'东方的瑞士'的库苏古尔

湖，它是蒙古国最大最深的淡水湖泊，淡水储量占世界淡水储量的1%～2%。不仅如此，这个湖泊还有出众的景色，除了享有'东方的瑞士'的美名外，还有'蓝色宝石'的雅号。"

米娜和多多一听，顿时高兴地欢呼起来。三人立即从乌兰巴托出发，车、马并用，长途跋涉，来到了位于库苏古尔湖南岸的哈特嘎勒，这里是环湖旅行最好的起点。他们先找了一家宾馆住下，又花了一些时间为旅行做好准备。休整之后，三人开始了他们的游湖之旅。

在路易斯大叔的带领下，三人从哈特嘎勒沿湖西岸向北走，大约走了4000米，看到一棵螺旋状向上扭曲的树，像蛇一样，十分奇特。这里地势比较高，可以很好地俯瞰整个湖泊。当他们站在湖边高处，看到这颗北方高原上的"蓝色宝石"时，体验到的是一种完全不同的

感受。游览蒙古国其他景点时，他们感受到的是绵延、广阔、雄浑和苍茫，骏马和劲风一同奔驰，雄鹰与白云竞翔蓝天，草原及森林共伴群山。而此时，眼前的湖泊给他们的感觉是秀、险、奇。那一池幽蓝，犹如仙女额头上镶嵌的宝石，显得神秘而优雅。

过了好半天，米娜才自言自语地说："这里面一定住着仙女！"

"在这群山之中，怎么会有这样一个宽广的湖泊呢？"多多说。

"这就是造化！"路易斯大叔说，"库苏古尔湖和俄罗斯境内的贝加尔湖是同一个水系，形成原因也是一致的，都是地质构造湖，就是说，因为地壳运动，导致这个地方产生了一个大裂缝，从而形成了这一湖泊，面积达2620平方千米。"

"近百条大大小小的河流在东萨彦岭南麓汇集

成了这个神奇之湖，却只有南边的额吉河一个出口，作为世界十七大古代湖泊之一，两百万年的岁月给这里留下了3800亿立方米的蓄水量。这里是鸟的天堂，有240多种鸟在这里安家落户；这里是兽类的乐园，野山羊、驯鹿、麝鹿、棕熊、山猫、貂鼠、海狸等六七十种哺乳动物在这里划分各自的领地。"

三人都用望远镜向湖面望去。不久，多多便喊了一声："太神奇了，我怎么看到鱼儿在白云间隙中游动？"

"是很神奇，我还看到鸟儿在水里飞呢。这是怎么回事儿？"米娜也喊起来。

路易斯大叔说："这是因为，天空的风景映在水面上，产生了水天一体的美景！"

因为哈特嘎勒在湖泊南端的细尖角上，在这里他们无法近距离欣赏湖光山色，便继续走了一段路，来到一个叫詹海的地方。这里的湖岸要么是平坦的砾石地，要么是如绿地毯一样的草地。清澈的湖水下映着一块块砾石，纯净、透明，如一个硕大无比的玻璃水缸，里面放置着无数用来装饰的石头，让库苏古尔湖不再仅仅是一个湖泊，更像是大自然赐给人类的艺

术品，其艺术的特色和价值无可比拟，独一无二。

路易斯大叔感慨地说："说实话，蒙古国最深的印象就是干净，政府环境保护意识强，环境污染轻，还设立了许多自然保护区，保护一些自然、原生态的环境。

"在过去，库苏古尔湖的湖水极其纯净，不需要进行任何处理就可以饮用。不过现在，因为时常有马匹到河边来饮水，对岸边湖水略有污染，但相比那些饱受工业废水毒害的河流，不知道干净多少倍！而且，库苏古尔湖如今也受到政府的严格保护，如过去允许卡车在冬天横过湖面，如今却不再允许，因为卡车机油会污染环境。相信它很快就会恢复到以前的纯净状态。"

由于湖水极其清澈，水中

有机营养物少，所以湖中鱼的种类并不是很多，大概只有十种左右。但是每种鱼类数量较多，所以这里还是垂钓的理想之地。

多多蹲在岸边的一块石头上，看到一条漂亮的鱼在水中游来游去，便把手伸到水里，想去逗鱼玩儿，没想到他整条胳膊几乎全部要没到水中了，那条鱼却还像什么都没发生一样，自顾自悠闲地游动。多多不由露出迷惑的表情，米娜也不解地说："难道这湖里真的有仙女，保护着鱼儿，所以你的胳膊无法影响到它们？"

路易斯大叔过来看了看，说："这条鱼大概在水面以下很深的地方，因为湖水太清澈了，水面下20多米的地方，肉眼仍然可以看到。又因为光线折射的原因，使鱼儿所在的位置看起来比较浅。"

听从向导的建议，三人租了三匹马，然后骑着马经过詹海那华美的岬角，继续往北走，经过一个名叫托依劳哥特的地方之后，路变得很不好走。此时，三人都为听取了导游的建议而得意起来，骑马游湖真的太幸运了。在马上颠簸了大约30千米后，他们到了哈尔乌斯。

　　远远地，他们就看到了一大片一大片的野花，竞相斗艳，织成了一幅幅华丽无比的锦幕，铺在地上。它们是那么自然而和谐，就像艺术大师不经意间信手点画而成。与高山阔湖竭力展示自己的壮美不同，也与附近的树木一味大秀自己的挺拔、刚毅不同，这些花儿用自己纯净的多彩展示着自己的柔美，它们像舞台上的明星一样，以大地为舞台，以丽日为灯光，和着清风，伴着蝶舞，努力展示着自然之美。

　　米娜兴奋地第一个跳下马，在这片锦幕上奔跑起来，跳跃的身影，翩翩的衣袂，如小天使一般。她没跑多远，感觉自己的脚下凉凉的，停住脚步一看，地上很多地方竟然都是水。她冲路易斯大叔和多多喊道："快来看呀，这里有小溪！"

多多和路易斯大叔走过来。路易斯大叔说："这里有不少水泉和溪流，而'乌斯'在蒙古语中就有水的意思。这里还有一种鱼，有一

定的食疗价值，每年6月份会有大批游客来到这里，就是为了能够吃到这种鱼，熏着吃，或者煮着吃，再配上绿洋葱，美味无比。"

在这片锦幕中，他们还发现了一个大水泉，水的流量也比较大，中间泉眼汩汩地往外吐着水，在阳光的照射下闪闪发光。在泉眼周边，是细细的沙子和大大小小的石子，有的石子被泉水鼓起，在水中翻几个滚儿，再落到一边去。明净透明的泉水还不时鼓起串串水泡，错落有致，争先恐后。米娜经不住那份诱人的纯净，伸出手，掬一水，喝了一口，啊，清冽甘甜，丝丝凉意由腹中向周身弥漫。

好奇的泉水似乎急于想知道外面世界的精彩，拥挤着或推开、或漫过、或绕过周围的泥土和草丛，向远方奔去，蜿蜒成一条清澈的小

溪流。也有的水泉和小溪，如害羞的小姑娘，默默地躲在碧草花丛底下。

"这里的溪流有的来自水泉的滋润，"路易斯大叔说，"有的则来自高山上的冰雪。你们看远处的山顶，上面有积雪和冰层，夏季融化后，顺着山坡流到这里。这些溪流继续向山下流去，便汇入库苏古尔湖中。"

三人在这里又游玩了一会儿，刚才还是晴朗的天空，突然间变得阴沉起来。路易斯大叔说："库苏古尔湖附近

的天气是多变的，巨大的湖泊和密集的河流源源不断地向空中输送着水汽，再加上群山、谷底相间的地形，使这里的雨说来就来。"

他的话刚说完，天空便变得乌云密布，还伴随着阵阵闪电和雷声。路易斯大叔忙招呼道："要下雨了，快点进度假村！"说完，率先往附近度假村的营地跑去，米娜和多多连忙跟上。当他们刚刚钻进一个蒙古包，豆大的雨点便落了下来，许多来不及躲雨的人被淋成了落汤鸡。

蒙古包的主人十分热情，让他们尽管在这里躲雨。

这雨来得快，去得也快，五六分钟之后，一场倾盆大雨便过去了。三人走出蒙古包，感觉空气更加清新，青草的香味混着花香，令人陶醉。湖面上笼罩着一层淡淡的白雾，让整个湖面显得若隐若现。

湖中有一个小岛，从远处可以看到有不少白色的水鸟在茂密的树丛上空翻飞，虽然有渡船可以把游客载到小岛上去观赏，但是路易斯大叔并不打算去那里。他说："我们还是不要去打扰那小岛上的'居民'了，为了捍卫自己的领地，它们可是有一种独特的方式：去那里

的游客常常会受到空中'鸟粪炸弹'的轰炸！"

米娜和多多听得都笑出声来。

由于从哈尔乌斯再往北，居民点很少，加上道路泥泞难行，所以他们回到了哈特嘎勒，然后准备出发去观赏库苏古尔湖的东岸。

在出发前，有人提醒他们：在东岸，有些河流时而干涸，时而出现，旅行者必须做好充足的准备才能走完东岸。于是他们又做了一些准备。

东岸不像西岸那样群山连绵，地势陡险，而是开阔得多，不用站在很高的地方，也能一览湖景。

　　站在湖边，前面是浩渺湖波，后面是密密麻麻的针叶林。脚底下踩的是腐烂的树叶和枯枝。附近石头上潮湿的苔藓，远远望去，像一条条彩带。黄绿色的是岸边的草地，浅蓝色的是靠近湖泊岸边的浅水区，黄色的是离湖岸不远、在水中生长的不知名的植物，深蓝色的是湖泊的深水区。再往远处望去是对岸那层叠的山林和连绵的群山，在岸与湖交界的地方，还有一条细细的白线。风起时湖光波动，树木摇曳，衬托得彩带飘动起来。而这一切都笼罩在天空这一碧蓝的大罩子底下。

针叶林

    针叶林包括云杉、冷杉、落叶松和松树等树叶像针一样的树木，有的是常绿的，有的在秋冬季节落叶。有的耐寒、耐旱，有的喜欢潮湿温暖。落叶松等针叶林在落叶后，阳光可以照射进树林，被称为"明亮针叶林"。云杉、冷杉等不落叶的针叶林，阳光难以照射进树林，故被称为"暗针叶林"。欧洲—西伯利亚的泰加林是世界上最大的针叶林。

第11章

烈火危岩

　　来到蒙古国，如果不看沙漠和戈壁，绝对是个大遗憾。路易斯大叔三人当然不会错过，他们正乘飞机飞往南戈壁省的省会城市达兰扎德嘎德的机场。从飞机上往下看，戈壁是一片茫茫无边的棕黄色。

　　他们在达兰扎德嘎德办好住宿手续，放下行李后，乘上了一辆租

来的吉普车。吉普车行驶在戈壁滩的道路上，使他们可以近距离欣赏戈壁的风采。说是路，其实只是前面汽车走出的车辙，并没有真正的道路。因为这里地势广阔、平坦，车辆可以直接行走。地广人稀的大戈壁上，只要方向不错，可以尽管开，一定会到达目的地。

一路过去，有的地方寸草不生，纯属不毛之地，满地都是或大或小、或扁或圆的砾石；有的地方则密布着细细的、毛茸茸的青草。车辆驶过的地方，小草全部消失了，显现出两道车辙的印痕。

"这小草应该很不容易才长出来的，"望着后面的车辙，米娜非常可惜地说，"就这么被汽车轧得没有了。"

"没关系。"司机笑道，"这些小草非常坚强，用不了几天就又长了出来。"

在路上，他们偶尔还会看到一两棵小树，倔强地挺立在远处，样子很难看，却体现了它顽强的生命力。

路易斯大叔说："这些树之所以长相丑陋，是因为它们顾不上打扮修饰。它们把生命的能量集中在根部，往深处扎，同时尽可能向更广处生长，尽可能吸取更多的水分，保住自己生命的同时，牢牢抓紧土壤，锁住沙漠。不仅如此，它们还要抵抗高达50℃的高温和零下几十摄氏度的酷寒以及大风暴雪。它们和其他植物一样，都是这个星球的守护者，努力为人类撑起一片安全的家园。"

吉普车颠簸了120多千米之后，到达了巴彦扎格。这里是一处典型的沙漠风景，路易斯大叔他们站在广阔的沙漠中，目光到达的地方，无不是乱石、红沙、灌木、烈日。然而，那些红沙在日光的照射下，显示出一种纯粹的金黄色，犹如金子发出的光辉。有的地方像被火烧红了的巨大铁块，发着耀眼的红光。而站立的土堆或者乱石阴影遮住的部分，则呈现出暗黄色。大家恍如置身于异星之上。

"哇，我们到达火星了！"米娜喊道。

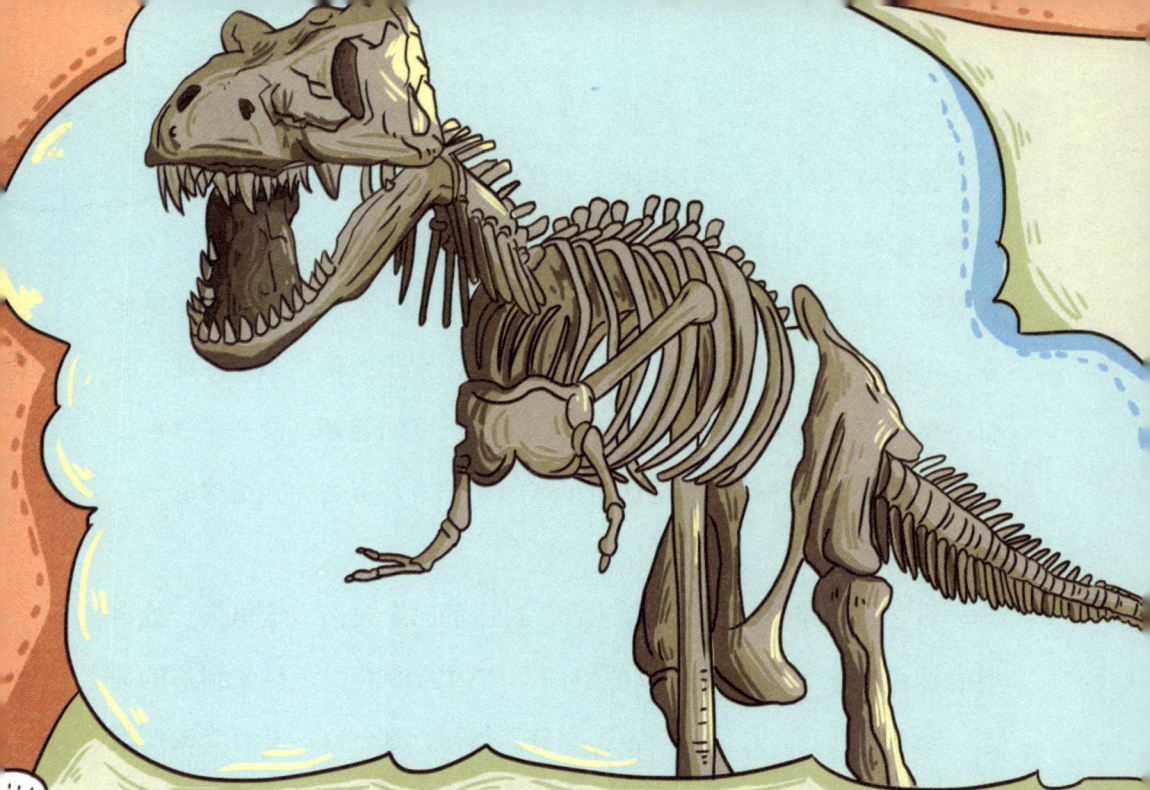

　　路易斯大叔笑道："还真有些像。因为这红橙色的地貌，这里还获得了'烈火危岩'的称号。对了，它还有个称号'恐龙之乡'。"

　　"哦，恐龙？是不是曾经有恐龙生活在这里？"多多问。

　　"是的。"路易斯大叔说，"20世纪20年代，美国的探险家、冒险家、博物学家、古生物学家罗伊·查普曼·安德鲁斯担任美国自然

历史博物馆的主任，他在这里发现了世界上第一例恐龙蛋化石。世界上第一个完整的恐龙巢穴也是在这里发现的。从此之后，安德鲁斯和巴彦扎格闻名世界，巴彦扎格也被称为'恐龙之乡'。"

"其实，这块古大陆曾经是神秘的海底世界，地壳抬升后，又变成了森林茂密、水草丰美之地，如今却变成了一片荒芜的沙漠戈壁。"

"喂，要恐龙化石吗？"当路易斯大叔他们观赏大漠风景时，不时有人偷偷地过来向他们兜售恐龙化石。多多和米娜不免有些心动，路易斯大叔坚决不让他们买，他说："在蒙古国，这是违法的，即便私下里购买了这些东西，也难以带出蒙古国境。"

这里除了一片橙红色之外，到处都是平地而起、直直耸立的土丘。土丘与土丘之间则是迷宫一样的浅谷。

如果是在战争期间，这里必定是埋伏兵马的理想场所。有的土丘像一座孤零零的圆柱立在那里，周围一片空旷；有的则像是一堵破败的土墙，上半部还被穿了一个洞；有的像一座古老的城堡，城堡旁边立着一座低矮的

土塔，上面还戴了一顶"帽子"；有的像一个巨大的土球；有的像一位佝偻着背、垂着头坐在那里熟睡的老人，头上的帽子歪着，快要掉下来的样子；还有的就像露出地面一半的碉堡，一个深深的洞横着凹了进去，看上去像当年挖掘化石时遗留下来的痕迹，实际上那依然是大自然神奇手笔的杰作。

当然，有些地方也长了几株歪歪扭扭的、稀疏的树木，它们几乎没有树干，因为露在地上支撑枝叶的部分，太像埋在土里的树根了。

第12章

胡兀鹫与盘羊

在夏日酷热的茫茫戈壁滩上，作为生命之源的水，显得尤其珍贵。在烈日把人烘烤得连汗都没有的时候，一小瓶水比金银珠宝、功名利禄都重要。如果能在此时喝上一点儿冰水，甚至是看到一点儿冰，都会让人清爽异常。

当听到米娜和多多想喝点冰水，路易斯大叔决定带他们去约林峡，距离达兰扎德嘎德有五六十千米。路易斯大叔还兴奋地说："那里有一条常年不化的冰带，这在戈壁滩上不能不说是一种奇观。我们一定要去看看！"

在路上，三人发现天空中有很多鹰在盘旋、飞翔。路易斯大叔说："约林峡又叫鹰嘴峡，就是因为这里有很多鹰。"

他们拿起高倍望远镜向空中望去，以便能看得更仔细。路易斯大叔还在不停地讲解这些鹰的知识：

这一带的"鹰"名字叫胡兀鹫，又叫髭兀鹫，或者髯鹫，在生物学上，它们的基因与鹰并没有很密切的关系，而是与埃及的一种鹫关系密切，这从它们那相同的菱形尾巴就可以看出来。它们的下巴底下生有一撮黑色的羽毛，就像一小撮胡子，这也是把它们叫髭兀鹫或者

髯鹫的原因。

在欧亚大陆的森林和空中经常见到这种猛禽矫健的身影。它们生活在有悬崖、峭壁的山区以及周围森林密布的陡峭河床、斜坡，这些无人居住或者是人烟稀少的地方。在狼或金雕密布的地方，也是它们的乐园，因为那些吃剩的骨头、残肉可以成为胡兀鹫的美食。胡兀鹫居住的地方海拔很少低于1000米，海拔2000米的山脉的森林边缘是它们的首选，因为那样可以很容易地飞到山顶。有人甚至在海拔超过7500米的喜马拉雅地带发现过它们，其飞行高度达到了7300米。

成年胡兀鹫的身长可以达到100厘米左右，两只翅膀展开的宽度超过两米，如此发达的翅膀和身躯，除了可以带动它们那4～8千克的体重外，还可以抓提6千克的猎物全速飞行。在喜马拉雅山一带的胡兀鹫体型更大，更加适合做猎人使用的猎鹰。

 有些鹰鹫的头是光秃秃没有羽毛的，而胡兀鹫的头上密布着羽毛，脖子结实粗壮，头显得较小一些，尤其当它们耸起后背的时候，头显得更小。在地上时，它们那大而强壮的爪子迈着鸭子一样的步伐行走。在长大后，胡兀鹫的颜色有暗灰色、铁锈色或灰白色的，背部是由蓝灰色到黑灰色，翅膀和尾巴上的羽毛大多数是灰色。

 有些鹰鹫有时会发出尖利的叫声，胡兀鹫则选择沉默。胡兀鹫最爱的食物是动物骨头，其次是腐肉。骨头里的骨髓是它们的首选。如果骨头太大或者太硬，它们就会把骨头带到高处，然后扔下来，在岩石上摔碎再食用。它们强大的胃可以消化那些骨头碎片。它们还会用同样的办法杀死小羚羊、兔子、小狼等猎物，如果这些动物没被摔死，它们便用自己强有力的翅膀对着猎物连续猛击，把猎物杀死。

在路易斯大叔的讲解中，吉普车离约林峡越来越近了，这里的鹰反而少了，可能是因为人多起来的原因。

峡谷入口处比较开阔，谷底也比较平坦，然而峡谷两岸的山崖非常陡峭，如张着巨嘴的怪兽一般，令人心生些许敬畏。谷底里流淌着一条小溪，显然是峡谷中的冰层融化造成的。

越往峡谷里面走，他们越觉得凉爽。不久之后，他们就看到了冰层。米娜和多多高兴地往前跑去，踩到冰上，又蹦又跳。一个不小心，多多摔倒了，米娜看到后大声笑了起来。路易斯大叔忙提醒他们小心点儿，现在的冰层不结实，不像冬天，冰层厚度可以达到十米左右。

冰层在靠近两边山崖的地方比较厚，也比较结实，而在山谷中间部分，因为太阳光容易照射到，有些冰层已经开始融化。冰层最厚的地方，往往是峡谷最窄的地方。奇怪的是，有些地方的冰层并不是从上面开始融化的，而是在底下融化出一个很大的洞，足有一人多高。有的地方甚至形成了长而弯曲的冰廊，两边是白中泛绿的冰壁，冰廊上面有时会伸出一个冰盖，将冰廊完全遮住或者遮住一部分。

米娜和多多跑进一个冰洞，在里面摸来摸去，大呼小叫，感觉十分新奇、有趣。

这条峡谷长约8000米，三人往里走了两三千米便返回了峡谷口。

他们站在高处远望，可以看到远处淡淡的雾气中连绵而高耸的群山。望远镜近处的视野中有地鼠、雪雀和鼠兔。多多继续用望远镜往远处搜索，突然他停住了，向路易斯大叔和米娜喊道："快看那边，是盘羊！"路易斯大叔和米娜把望远镜转向多多看的方向。

在望远镜中，他们看到在一座山顶上有几只盘羊正在悠闲地吃草。那里怪石林立，十分陡峭，稀疏地生着一些草丛。那种地方，除了盘羊，大概只有鸟儿能从空中到达。米娜一边看一边说："多美丽的角呀！"

　　多多好奇地问："路易斯大叔，为什么有的盘羊的角弯弯的呈螺旋状，有的盘羊的角弯得像镰刀呢？"

　　"角弯得呈螺旋状的是雄盘羊，角像镰刀的是雌盘羊。"路易斯大叔回答说，然后又开始了他的详细解说：

　　盘羊头顶的那对大角非常引人注目。雄盘羊的角根部粗大浑圆，先向后方和两侧生长，随后逐渐向下弯曲绕过两耳外侧，最后角尖朝前略微上翘，变成刀片的形状，整个羊角长度可以达到一米半左右。雌盘羊的角相对细一些，而且短一些，像镰刀一样向后生长，长度大

概有半米左右。雄盘羊的角上会有一圈圈密集的圆箍，而雌盘羊的角只在向外弯曲的一侧有凸起横棱。

　　盘羊主要生活在亚洲中部地区，是一种非常珍稀的保护动物，身体长150～180厘米，有着110千克左右的体重。如果不算上羊角，盘羊从肩部到前蹄的高度有50～70厘米。它们尾巴又短又小，与身体很不相称。

　　它们的前蹄和后蹄都是陡直的，使它们非常善于攀岩，能轻松地

登上高高的山崖。这样它们就可以将周围的风吹草动尽收眼底，早些发现豹子、山猫和狼等猛兽天敌，从而安全逃脱它们的袭击。

如果一时没有逃脱，盘羊在危急时刻，还会叉开短而粗壮的四肢，低下硕大而坚硬的头，顶着羊角向前冲，刺中疾扑上来的猛兽，然后用有力的短脖子猛地一甩，将猛兽扔到一边。如果猛兽被扔到岩石上，不死也会受重伤，很快便会沦为其他猛兽或者鹰鹫的口中美食。

盘羊一般生活在海拔1500～5500米的高寒草原、沙漠和草甸地带，高山半开阔而又裸露的岩石以及那起伏的山间丘陵是它们的家园。夏季来临时，它们便往高处走，到积雪下边缘觅食、繁殖，冬季又会来到低山地带生活。

路易斯大叔的话说到这里，那只盘羊忽然停止了吃草，抬起头来，警惕地望着山顶一侧的下面。猛然间，它们撒开四蹄，飞快地向另一侧下面跑去，眨眼间就消失了踪影。过了一小会儿，一只凶猛的山猫跑到山顶，悻悻地看着盘羊消失的方向，然后无奈离去。

古尔班赛汗国家公园

    约林峡是蒙古国古尔班赛汗国家公园的一处景点。古尔班赛汗国家公园有不少标志性的景点：沙丘、冰川峡谷、成条形状的荒原等。例如在其偏僻的西部，那里的地形地貌就像月球表面一样。古尔班赛汗的意思是"三处美景"，源于公园内的三座山脊，因此又叫"三美山"，但仔细看，其实是四座山。公园里有蒙古沙雀、秃鹫、沙漠林莺等两百多种鸟，还有黑尾瞪羚、跳鼠、野驴、野骆驼、盘羊等珍惜动物，植物也有六百多种。

第13章

唱歌的沙丘

游览完约林峡，路易斯大叔他们便返回达兰扎德嘎德，休息一晚后，第二天乘吉普车赶往洪戈林沙丘。

"洪戈林沙丘其实离约林峡谷不远，"路易斯大叔说，"就在约林峡谷以西100多千米的地方。它还有一个名字'杜特曼汗'，意思是'唱歌的沙子'。"

"难道那里的沙子会唱歌吗？"多多问。

"也不是说会唱歌。"路易斯大叔说，"我听说，那里的沙子经常会发出奇怪的声音，十分神奇。到了那里，我们就可以见识一下了。"

米娜和多多顿时迫不及待起来，恨不能马上赶到洪戈林沙丘。

不久，吉普车停下来，他们终于站在了洪戈林沙丘之上，体会到了一种另类的壮美。往远处看，只见一个接一个黄色的"巨浪"起起伏伏，绵绵延延，望不到尽头。在阳光的照射下，发出金黄色的光芒，犹如用金子铸就一般，却又比金子生动得多，它们看起来就像一群巨大的黄色怪兽在奔跑，只露出滚动的背。近处看，只见一条优美的曲线忽左忽右、忽高忽低，蜿蜒伸向远方。它们像在跑接力赛一样，一个接着一个，奔向远处与蓝天白云相接的群山。

三人拿出事先准备好的滑沙板，开始攀登那高达两三百米的沙丘。站在下面看那些沙丘，似乎并不高，但是等他们开始

爬的时候，却倍感艰难。一是因为坡度陡，而且看起来只有两三百米高，但沙丘的斜坡往往可以达到四五百米甚至更长。而且因为脚下踩的是软绵松散的沙子，让他们有力不从心的感觉。

他们爬了没多久，便累得气喘吁吁，大汗淋漓，不得不停下来歇一会儿，喝口水，互相鼓励一下，然后再继续爬。费了九牛二虎之力，他们终于爬到了沙丘顶部。三人站在沙丘顶部向四周望去，竟然生出一种"一览众山小"的感觉，周围的景致尽收眼底。他们看到附近有小河和蒙古包，在沙丘的另一面，还有骆驼在行走。

沙丘顶部的沙子很细，米娜和多多脱了鞋袜，在上面走来走去，感觉非常舒服。之后，三人选择了一处合适的坡，坐着滑沙板从上往下滑。滑沙板的速度很快，耳边的风在呼呼作响，一会儿便到了坡底。

"我听到刷刷的声音了！这是沙子在唱歌吗？"米娜兴奋地说。

“不对，不对，我听到是呜呜的声音。”多多说。

　　“我听到的是隆隆的声音。”路易斯大叔说，“这应该是因为我们三人的体重不一样，对沙子的压力也不一样，所以在下滑时发出的声音不同。”

　　“‘唱歌的沙子’并不是你们说的这些，”旁边一个旅游团的导游忽然说，“当刮起风时，你们才能体会到它的真正含义。”

　　“可惜现在没风！”米娜和多多都非常遗憾。路易斯大叔安慰道：“我们在这里多停留一段时间，一定会听到沙子‘唱歌’的。”

　　多多和米娜觉得滑沙子很好玩，便骑着骆驼登上沙丘，再从上面滑下来。三人还来了个骆驼比赛，看谁最先从坡底登上坡顶，然后再返回。米娜身子轻，又对骆驼很温柔，每次都是她得第一。

天色渐晚，三人决定在景区的蒙古包里住一夜。

太阳快要落山时，三人幸运地欣赏到了另一幅迷人的景观。阳光慢慢变得柔和起来，气温降了下来，不像中午那么酷热难耐，连沙丘也似乎随之变得温柔了。当太阳落在地平线上时，更像一颗璀璨的宝珠，镶嵌在天空与大地交界处。纯净的空气使阳光依然刺眼，人眼依然无法看到太阳的轮廓，只能看到那一团灿烂的光芒。此时沙丘显出更多的层次和变化，向着光线的地方，是一片柔柔的金黄，背着光的地方则显出深深浅浅的阴影。随着太阳继续下落，天空不再是浅蓝，在太阳近处的天空变成了红橙色，而沙丘此时显示出自己的本色，变成了灰黄色。

远方的蒙古包里开始冒出炊烟，因为没有风，那炊烟慢慢地垂直飘向空中。一些马匹和骆驼在蒙古包旁边的小河边饮水。小马驹在远处撒欢，母马不时抬起头来，发出叫声，似乎是在呼唤小马回到自己身边。

喜欢夜间活动的动物也开始出现，它们小心翼翼地从洞里或者灌木丛后探出脑袋，看是否适合出来觅食。米娜用望远镜向附近的灌木丛里观看，高兴地说："哇，多可爱的小狐狸呀！"

路易斯大叔和多多看到了米娜所说的狐狸。它的毛是淡红色的，背上有的地方是棕灰色，有的地方是浅红褐色，肚子上的毛是淡黄色。耳朵又大又尖，得有十多厘米长。尾巴长长的，尾巴梢是灰黑色的。

路易斯大叔说："这是沙狐，是一种体型比较小的

狐狸，个头也不高，只有20厘米左右。"

"路易斯大叔，沙狐吃什么呀？"米娜小声问道，好像怕惊吓了可爱的小沙狐。

"地鼠、兔鼠、小鸟、兔子等都是它们的美味，如果找不到这些东西，也会吃昆虫和野果。"

"那它们怕什么呢？"多多也小声问路易斯大叔。

路易斯大叔边看边说："这里的大猫头鹰、胡狼、野狼都是它们的天敌。"

当天色完全黑下来，起风了，三人钻进了蒙古包。不一会儿，外面就传来了各种各样的声音，一会儿传来尖利的咆哮，一会儿又像打雷的轰隆声，其间还夹杂着不知是狼还是猞猁、豹子的吼

叫声。米娜有点儿害怕，屏住呼吸，不敢出声。

"沙子终于'唱歌'，太神奇了！"路易斯大叔说。

多多问："这就是沙子在'唱歌'吗？沙子为什么会发出这些声音呢？"

路易斯大叔说："风起时，无数的沙子在移动时会相互摩擦，于是就会发出声音，有的声音可能是沙子撞到石头或者是植物上发出来的。"

"原来是这样。"米娜小声说，三个人都惊叹不已！

又是一个晴朗的天气，这次路易斯大叔他们不是在景点游览，而是出现在乌兰巴托的候机大厅，他们又要到下一个地方去了。